AF595585

Gino Leineweber

Todo es verdadero

Traducción de

Janine Troutman

Poemas 2019 – 2022

Verlag Expeditionen

Gino Leineweber
Todo es verdadero
Poemas 2019–2022
Traducción de Janine Troutman

Editor Annabel Vilar
Cover picture Gino Leineweber
Pictured Rocks, Lake Superior, Munising, MI, USA
Cover design Angela Schwarze
Printed in Germany
ISBN 978-3-911320-00-9

Man can do what he wants
but he cannot want
what he wants

Arthur Schopenhauer
German Philosopher (1788–1860)

GINO LEINEWEBER

TODO ES VERDADERO

Traducción de

JANINE TROUTMAN

POEMAS 2019 – 2022

Índice

Concierto De Hierba	13
Cigarras	14
El Destructor De Hojas	16
Febrero	18
Rodas	22
Zombi	21
Funeral	24
Ella	27
Sufrimiento	28
Colette	29
Una Artista	31
No Hice Nada	30
Te Quiero	
Tal Y Como Eres	32
Sueño	35
Jesús S. Cristo	39
La Inocencia Perdida	40
El Lobo Solitario	44
Metamorfosis, Ciervo	42
La Temperatura	43
Movimiento	46

Índice

El Tiempo 47
La Primera Nación 48
Y Si... 49
Es Arte 50
El Planeta Tierra 52
Esclavos 51
Qué Me Pasará 54
Limbo 57
Ellos 58
Decir La Gracia 59
La Discriminación 60
El Centrista 61
Lo Que Quiero 62
Por Quien Doblan Las Campanas 63
El Confinamiento, Poema De
Sobrevivencia 64
Lo Que No Se Espera Es El Miedo 66
Refugiados 65
Vacaciones 70
Padre (1) 68
Padre (2) 69

CONCIERTO DE HIERBA

Ya conoces el dicho:
Oír como crece la hierba

Me pregunté
¿Cuán ridículo es esto?

No puedo oír como crece la hierba.
Además, estaba seguro que nadie puede
hacerlo.
Hasta que leí una opinión asombrosa,
diciendo que algunos animales sí que podrían.

Vale- la pregunta es
¿Cómo lo saben?

¿Se lo han contado estos animales?
De ser así- ¿Cuáles son?

Cigarras[1]

En los primeros días cálidos de mayo,
millones incontables de cigarras
emergen desde la tierra,
su hogar durante 17 años.
Ahora, les toca trepar por los árboles.

Cuando alcanzan la altura para hallar una rama
adecuada,
las hembras se acomodan
para disfrutar de unas vistas espectaculares,
mientras que los machos se aferran aún al tronco del
árbol,
intentando desesperadamente recuperar el aliento.

Como este macho
que ha parado
al fijarse en una hembra,
sentada en una rama un poco más arriba
y mirando a su alrededor.

[1] Cada 17 años, las cigarras Brood X (Cría X) emergen de la tierra. Entonces, estos insectos se despojan de sus exoesqueletos en los árboles. Son endémicos en muchas zonas del este de Los Estados Unidos, principalmente en Virginia y en Washington DC.

El macho, en vez de descansar
después de una escalada agotadora,
empieza a cantar a todo pulmón,
con el único fin de impresionarla
de cara a una cita libidinosa.

La hembra, pasado un rato,
se aburre.
Piensa:
Joder … ¡¿Qué más da?!
Al cantante le daremos su premio.

Pobre de él, su destino es morir
una vez cumplido su deseo.
Tampoco se puede echar la culpa a ella,
del todo ignorante del desenlace.
Es cosa sólo de chicos.

EL DESTRUCTOR DE HOJAS

Tengo la impresión de que
nosotros, los humanos, somos
los seres más inteligentes
del mundo,
pero ya no pretendo que
seamos los únicos dotados de
alguna inteligencia
y no me refiero
a los delfines, cuervos, o ratas,
ni siquiera al perro de mi vecino.

Éste afirma que su perro
es el animal más inteligente
que jamás ha conocido.
La prueba de esto es que,
cuando el vecino se mueve
por la cocina, el baño,
u otra estancia de su casa,
el perro ni levanta la pierna,
ni pestañea.

En cambio, cuando el vecino
piensa salir,
el perro corre hacia la puerta.
Aún antes de que el vecino haya
terminado de levantarse del sofá, el perro
ya va corriendo camino a la puerta.

Sin embargo, no me refiero a este perro.
De hecho, se trata de un pequeño gusano
que pone los huevos
en una hoja.
Aunque no tiene dedos
para plegarla,
utiliza todas sus fuerzas
para preparar la hoja
y poder usarla.
Separa cinco hojas de una rama.
Entonces, con un hilo fino
que va tejiendo sobre las hojas sueltas,
se las vuelve a pegar en su sitio.
Un gusano es capaz de hacer cosas así.
Naturalmente, las hojas se secan y se acurrucan.
Esto es lo que el gusano anticipaba.
Pone el huevo
en uno de estos pisos preparados para ellos,
pero sólo en uno, por culpa de los pájaros.
Los pájaros son curiosos y se preguntan
qué se podría esconder en las hojas podridas.
Se posan en la rama,
investigan y, al encontrar una primera hoja vacía,
ya no se preocupan por las otras cuatro.
Piensan "mierda"-

y salen volando

FEBRERO

Nunca se reconoce el valor de febrero.
No es como noviembre, que
nos da una impresión de sobriedad.
Aún menos como diciembre,
con todo su jolgorio navideño.

En realidad, a nadie le cae bien enero.
Al contrario ¡Qué alivio verlo acabar!
Pero siempre lo prolonga febrero…
No en una semana o dos- no,
son unas cuatro semanas de horas extras.

Sin embargo, febrero es
el mes más decente.
Su luz da esperanza a la tierra y,
al acortarse las sombras,
cada día se alarga.

Si no fuera por febrero ¿qué otra cosa
podría esconder la primavera,
o qué asuntos secretos,
capaces de provocar expectativas anticipadas
sobre el desenlace de un año maravilloso?

Para mejor apreciar este tesoro,
intenta echar un vistazo por detrás de la cortina.
En lugar de hacerlo, caminamos cabizbajos,
quejándonos, tiritando, maldiciendo …
el frío, la nieve, la humedad.

RODAS

En Rodas, al borde del Mar Egeo, el canto rodado
sonrosado reclama mi atención
cuando bajo a darme el baño matutino.
Pero, por mucho que adoro estos preciados guijarros,
se muestran poco dispuestos a facilitarme la entrada al
agua

Cuando el sol cansado de la tarde envuelve el cielo y
las nubes
en unos colores cuya existencia yo desconocía,
se encienden las luces de las tabernas, testigos de la
fortuna de la isla:
de la noche alegre de charlas animadas, de sabrosos
platos y vinos locales

De ultramar han llegado tantas influencias diversas,
desde los tiempos más remotos hasta el presente.
El paisaje agreste isleño, cubierto de hermosos pinos y
cipreses,
de viñedos y de olivos centenarios, cumple con la
promesa
de aquella impresión tan especial que despertó en mi
"el amor a primera vista"

Al tomar el café por la tarde, frente a unos muros,
recubiertos de rizos de buganvilla color violeta,
comprendo mi estado mental interior y cómo es que la
isla
siempre sabe interpretarlo, al dibujar en mi rostro una
sonrisa mágica

Zombi

Un zombi es una diminuta flor amarilla,
según cuentan en la película griega *Colmillo*

Realmente, no es verdad,
pero entonces ¿qué es un zombi?

No me vengas con:
  -búscatelo en la enciclopedia

Aquella, está repleta de noticias falsas,
o de hechos alternativos

Cosas así, las prefiero averiguar
por mi cuenta

mi primera idea,
por como suena la palabra,
sería que fuera alguna especie de ente

No es ni flor
ni animal,
aunque podría manifestarse como tal:

Imagina una hiena borracha

Funeral

Asegúrate que me entierren
En un día como este

Cuando el sol
Necesita tiempo
Para llegar

Casi fatigado
Por tener que alzarse

Pero deseoso
De secar
Las lágrimas de la noche

Ferviente en el abrazo
Del día afortunado

Besa
Con labios brillantes
Las hojas coloreadas

Aquellas
Que el viento hará
Que los genes vuelen

Asegúrate que me entierren
En un día como este

ELLA

Ella
es la única a la que le encanta
su mundo
No se da cuenta de nada
de lo que la rodea
Sólo se divierte consigo misma

Pero yo caigo directamente bajo su hechizo

De repente, coge una uva
y me mira con ojos como dos flores
en eterna serenidad

Durante un instante me quedo sin aliento

Su mirada no provoca ninguna reflexión
Y ni siquiera es consciente de donde está en este
momento
Mucho menos tiene un poco de consideración
sobre quién está a su alrededor
Yo ...

Que me he perdido en ella para siempre

SUFRIMIENTO

Él, ya no la aguanta más. Treinta años
y pico.

No le reprocha las arrugas que a él le dan
esta cara de viejo amargado,
mientras que a ella
le confieren un aire divertido y simpático.

Le reprocha su alegría,
sabiendo de sobra que las apariencias
engañan – con su carácter no pega
en absoluto.

Él sabe que ella está fingiendo
por una única razón …
la de hacerle sufrir a él!

COLETTE

Colette vive en Paris
Lucha para recuperar lo que le robó
su primer marido:
su propio nombre en los libros escritos por ella
Besa a Missy
Al mundo le ofrece un hogar para la verdad,
obligada ella a vivir como un vagabundo

Colette ama a Missy
Vive con mendigos y borrachos
Es amiga de periodistas y escritores,
amante de H. de Jouvenel-
primero del padre y después del hijo
Ella conquista la sociedad
con el ojo crítico de una mujer sabia

Colette escribe novelas
Alcanza la fama con
Chéri y *El Trigo Tierno*
Redacta en prosa púrpura los líos amorosos y
con narrativas tabúes
desafía su época
Es una mujer que sabe quién es

UNA ARTISTA

Envolver
pellizcar
  manosear
    propasarse

Se había autodenominado artista,
trabajando con unos cuerpos como lienzos.

Aquel arte-de-hacer-el-amor podría durar
  semanas,
meses, años, o tan sólo una hora escueta.

Una vez terminada su creación,
después de haberse fijado en cada lunar,
en el más mínimo detalle de una figura;
cuando ya no le quedaba nada por hacer,
buscaría otro lienzo,
otro cuerpo, masculino o femenino.

En realidad, hasta cierto punto,
se trataba de un arte disimulado, porque
la gente del entorno no se dio cuenta.

Entonces, igual no se lo podemos llamar arte,
  ¿o sí?
    en todo caso,
      ella lo abandonó.

NO HICE NADA

De un día para otro
perdí un amigo íntimo
con el cual también
hacía negocios

No supe por qué.
Muchísimos años después
me enteré,
pero sólo a través de un tercero

Aquel amigo había tenido
una novia hermosa,
lo cual, en principio no es nada malo,
A menos que seas un tipo celoso

Discusiones durante toda la noche,
hasta que finalmente, ella gritó:
-Sí, me lo tiré y en cuanto pueda
volveré a hacerlo una y otra vez

Sin embargo, no era verdad,
pero mi amigo tenía esa fama oscura
de no poder sufrir, ni por la inocencia.
De todos modos …
¿No somos todos pecadores por nacimiento?

TE QIERO TAL Y COMO ERES

Me encanta como
cuidas de mi
Me encanta como
me sonríes

Me encanta
cuando me despiertas
aún sin pensártelo y
cuando hacemos el amor…
respirando, gimiendo, suspirando

Sin embargo,
lo que de verdad me enoja es,
cielos arriba,
Que no tengo ni idea
de quién eres tú

SUEÑO

Escuchas la música del viento de la tarde
anticipo de los besos
de su boca misteriosa
en la noche en que te sostiene con su mano
invisible

Rumbo a la cama
eres como un niño
quien, con valentía, la espera
como un consuelo palpable

Mientras contemplas la medianoche
te acostumbras a los sonidos
que aligeran el dolor
y reparan tu corazón roto

Las caricias del sueño
juegan con tu fatiga
y te proporcionan
un sereno despertar

JESÚS S. CRISTO

No creo en la evolución,
en un comienzo de feliz unidad asumible
que acaba en la separación incómoda,
transcurriendo todo sin rastro de reproche.

No parece para nada verosímil.
Como tampoco la afirmación de que
cada uno de nuestros predecesores
nadase en el océano.

A ser cierto, la pregunta sería
¿Por qué ´cielos` o ´diablos`
ahorramos un año entero
para pasar las vacaciones en la playa?

Además, de haber evolucionado,
dejando atrás a los monos y los gorilas,
¿por qué en nombre de ´Jesús S. Cristo`
aún seguimos comportándonos como ellos?

LA INOCENCIA PERDIDA

La pérdida de la inocencia
no significa
transformarse en culpable.

La inocencia no es otra cosa
que una falta de conocimiento
– como un estado mental.

Cuando esta condición se pierde
nunca se puede recuperar.

Algunos estados físicos
se consideran de la misma manera.

Tal como la virginidad que,
al no perderse
de manera correcta,
conduce a la vergüenza
en el sentido religioso.

Señala, con razón o no,
una condición material.

La buena noticia es
que la inocencia no existe,

Como tampoco existe la culpabilidad.

En un sentido criminal (así se podría denominar)
– sólo hay una forma de responsabilidad.

Cuando al conocimiento lo llamamos culpa,
la contrapuesta necesaria
es la inocencia.

Por lo tanto, no se trata de otra cosa que ignorancia,
al ser ésta la contrapartida del conocimiento.

La pérdida de la inocencia
no significa más que
dejar de ser idiota.

EL LOBO SOLITARIO

Siempre he sido yo,
el lobo solitario que soy

Durante toda mi vida
he hecho lo que he querido

Algunas cosas me salieron mal, otras de manera tonta.
Sin embargo, en su gran mayoría,
los resultados me han complacido
Y el éxito – por supuesto,
efectivamente – me ha llegado a veces
No sé cómo hubiese sido mi vida
sin él,
a lo mejor, deprimente

O no – no echas de menos a lo que desconoces

De todas formas, siempre he sido yo
Si las cosas se cambiasen - si yo ya no pudiera
vivir mi vida de aquella manera -
puede que
tuviera que depender de otra gente
Entonces, estoy convencido de que
dejaría de querer vivir
La única manera de que siga siendo vida mía
es de llevarla como yo quiero

No obstante,
no existe mi vida,
como tampoco existo yo
Sólo existe el espejismo de un yo
De esto hablaba

Mi visión del concepto - yo de la mente
es de una entidad… del cuerpo que observo,
pero cuando no he hecho todo lo que he querido,
¿quién entonces ha sido y
qué es lo que hago ahora mismo?

No lo sé

Es como imaginar el principio,
La energía inconcebible del primer motor,
llámalo como quieras, es decir,
el impulso necesario

la vida siempre estaba en mi mente
La voluntad de vivir – de moverse,
significa que el concepto –´yo` requiere acción.
Ha hecho de mí una persona, reconocida por
mis actos, mi educación, mi amor,
mis aversiones, mi mal genio – lo que sea

Pero estaba decidido a seguir la voluntad
y lo hice
y continuaré a hacerlo, lo quiera o no

METAMORFOSIS, EL CIERVO

Homenaje a Ovidio

A falta de armas, la mejor protección
contra un agresor conocido
es gritar, de manera defensiva:
  Soy yo, soy yo - No dispares

O alzar los brazos por delante
para protegerte,
enseñando las palmas de las manos
al agresor

O ambas cosas a la vez

Desafortunadamente, si eres un ciervo,
no te servirá
ninguna de estas opciones

MOVIMIENTO

El movimiento es vida
La vida es movimiento

Si naciste corredor,
entonces,
te toca correr

Si naces caminante,
te toca caminar

Naciste sedentario,
debes quedarte sentado,
sin movimiento

Mierda

EL TIEMPO

Al tiempo le da igual,
pero no es fácil hacernos con él,
ya que nos tiene tan acostumbrados

Al tiempo igual le da
lo que hacemos
o donde vivimos,
a quién amamos
o a quién rechazamos

Incluso, le da igual
si seguimos vivos o no

Entonces …
¿Por qué diablos
nos preocupamos tanto por él?

LA PRIMERA NACIÓN

El primer pueblo,
seres espontáneos
creados por el aliento divino,
compuestos de carne, sangre y espíritu,
en lugar de roca, fuego, agua o viento.
La primera nación, los Anishinabek

Toda la flora y fauna a su alrededor
una parte tan integral de la naturaleza como ellos.
Vigilados por águilas,
siendo estos no sólo pájaros
sino mensajeros celestiales
entre el Creador y los Anishinabek

Las profecías predecían unos invasores europeos.
Vinieron, las águilas se marcharon, la primera nación
fue destruida,
pero la última y séptima profecía dice que
volverá a levantarse
en cuanto regresen las águilas calvas
y, con ellas, los Ashinabek

Y SI…

Las personas son bastante extrañas
No todas; no obstante,
podría remarcar muchas cosas sobre la mayoría
Pero sobre todo, les gusta irritar

Sin embargo, eso los afecta en dos sentidos:
Al principio, podría no bastarles molestar a los demás
Segundo, no ven las repercusiones en ellos mismos
Ni siquiera se dan cuenta de ello

Entonces, ¿por qué lo hacen?
No puedo reducirse al ego
ya que algunas personas lo hacen desde el anonimato

Anna, que mira sobre mi hombro
a la pregunta en la hoja,
desconcertante como siempre,
dice:
  es la evasión

Primero me pregunto cómo puede
ser que conozca la palabra

Segundo
¿Pero si ella tuviera razón?

ES ARTE

Aristóteles, Buda, Mahoma, Jesús,
Lao- Tse y otros…
Los grandes maestros del mundo fueron
creadores.
No contaban la verdad.
Ni siquiera pretendían hacerlo.
La verdad no se explica en
palabras.

Por lo tanto, sus discursos fueron
cuentos y poemas, siempre
repletos de metáforas.
Aunque sus palabras calaron en nuestras
mentes,
los maestros se dirigieron a nuestro espíritu.

La gente que cree en la ilusión
de haberse enterado de la verdadera
realidad
se ha dejado engañar, sin querer, por
los textos,
ya que éstos no son más que arte,
el cual no siempre es realista.

EL PLANETA TIERRA

En el universo,
alrededor de una esfera
que irradiaba calor,
se tambaleaba un cierto planeta

Imagínatelo con agua, tierra y fuego

Una canica azul con océanos y continentes:
unas extensiones de miles de kilómetros
desbordantes de vida y de destino

Imagínatelo como un laberinto bullicioso

Únicamente te toca atravesarlo,
porque al final de este vendaval
te espera un premio

Si llegas a ver el planeta,
Su agua, tierra y fuego
enhorabuena

No obstante,
...el planeta no existe

Te lo has creado en tu mente

No hay ni agua, ni tierra, ni fuego,
pero la ficción domina
cada instante de tu vida
Finalmente, te darás cuenta que
sólo ha sido producto de la imaginación.

En todo caso,
nunca tuviste escapatoria alguna,
ya que
el planeta es un laberinto

ESCLAVOS

Todos nacimos en la esclavitud.
Ya no
en el sentido
más comúnmente aceptado

Sin embargo, fíjate en esto:
¿No es todo lo que haces
por presión de terceros?

La educación es para prepararte.
Entonces, trabajas y actúas
para los demás.

Aunque dicen que
lo haces por dinero.

¿Pero qué pasa, si
no necesitas dinero?

¿QUÉ ME PASARÁ?

Todo lo que hay-
existe sin mi

Todo lo que pasa-
pasa sin mi

Todo lo observado-
se observa sin mi

Porque no hay ningún mi

LIMBO

se despertó
con ganas de mear
la cama se vino abajo

aquella noche más tarde
ocurrió otra vez
la cama se vino abajo

los sueños y la realidad se asemejan
ya dan miedo
incluso sin el derrumbamiento

vuelve a despertarse
de verdad o no
la cama se viene abajo

ELLOS

cabalga, cabalga, cabalga
hacia el sol, sol, sol

huye, huye, huye
del sol, sol, sol

¡muchísimo demasiado caliente!

¿no lo sabía él desde el principio?
 ¡lo sabía!

¿lo hizo de todos modos?
 ¡lo hizo!

¿por qué?
 porque se lo dijeron

¿ellos?
 sí, ellos

DECIR LA GRACIA

Mi arma de preferencia
Es mi gracia
¿Poseo una definición
De gracia,
Más allá de preguntarme
Si podría ser mi peinado?

Todos están alrededor de la mesa
Toman el vino en copas de cristal
Encienden más velas de las que hacen falta
Se molestan mutuamente con el parloteo
Prestan un oído atento a posibles rumores,
Sin enterarse de nada

Sí, lo reconozco, respondo a mí mismo:
Mi gracia procede de mi interior,
Igual que mi poder,
Igual que todo

No obstante,
Me quedo solo
¿A quién le importa?

LA DISCRIMINACIÓN

Discriminar no es agradable,
pero si todo el mundo lo hace,
al menos esporádicamente,
puede que haya una demanda para
la creación de una base de datos
con la cual hacer negocios.

Podemos verlo en la comercialización de emisiones,
las cuales tampoco son gratas.
En esta base de datos,
yo podría meter - digamos- una vieja "palabra N",
una que hace años que ronda por ahí,
una que yo ya no quisiera emplear.

Si hubiese alguien
con la verdadera necesidad de discriminar,
puede que a él o a ella
mi vieja palabra- N le sirviera.
Entonces, se podría sacar de mi cuenta
para ingresarla en la suya.

Los beneficios serían obvios:
Yo me libraría de la palabra discriminatoria,
ya no tendría que castigarme.
El dueño nuevo tampoco se verá obligado a ello.
No será de él o de ella- será mía,
pero nadie lo sabrá.

EL CENTRISTA

Imagina

dos ciclistas que viajan,
uno desde el norte, el otro desde el sur,
acercándose por un sendero …

El del norte es centrista por nacimiento;
no cederá el paso para nadie.
En su mundo le corresponde al otro hacerlo

Pero él también es centrista
¡Buuum¡

LO QUE QUIERO

Quiero
ser hermoso
y -parecido al sol-
brillar cada día

Quiero
ser como el sonido
que surge como
un susurro
entre tú y yo

Quiero
un poder superior
que nos resguarde
para la eternidad

POR QUIÉN DOBLAN LAS CAMPANAS

Todo lo que veo es nada
¿Qué más da?

De verdad, no sé
lo que busco.

Algún día
puede que sí.

En todo caso, durante la primavera
nunca espero el otoño.

En verano,
nunca busco el invierno.

Puede que no llegue nunca…
Puede que yo haya oído doblar las campanas.

EL CONFINAMIENTO, POEMA DE SOBREVIVENCIA

Para Lutz

Yo daba vueltas
por la casa
y pensaba,
pensaba –
¿en qué?

No lo sé

Durante el proceso,
en el momento de pensar,
no piensas en
lo que estás pensando

Es más tarde, cuando piensas que
se trata de
lo que piensas que
has pensado

Efectivamente, es así:

Los pensamientos no llegan
presentándose.
Tú te los tienes que interpretar.
Interpretar-
¿qué?

LO QUE NO SE ESPERA ES EL MIEDO

Las personas que abandonan sus países,
Ya sea en busca de una vida mejor,
O para huir de la violencia y la guerra,
No vienen como inmigrantes

Vienen como refugiados,
O como trabajadores para ganar dinero,
Preocupándose menos por ellos mismos que por
Las familias que dejan atrás en sus hogares

En su mayoría, no eligieron este camino,
No pensaban en las consecuencias de
Acceder a otras tierras, a otras culturas,
Al intentar evadir el sufrimiento en casa

El impulso de luchar para conseguir lo mejor,
Para uno mismo y especialmente para los hijos,
Se evidencia en cada vida y
No únicamente en las de los seres humanos

Igual de presente en las vidas de las personas es el
  miedo:
El miedo de marcharse,
El miedo frente a una situación nueva y desconocida,
El miedo de encontrarse en un ambiente extraño

La gente tan sólo está dispuesta a reubicarse,
Si estos temores
Les afectan menos que la ansiedad
Provocada por su situación actual

Cada uno que abandona su hogar,
Que huye de la madre patria, o lo hace
Con la esperanza de encontrar una vida mejor,
O en la desesperación, para librarse de la violencia

Encuentran unas sociedades
También paralizadas por el miedo:
Personas que temen perder la vida,
Perder unas tradiciones
Que tanto anhelan preservar

Los refugiados no pretenden destruir ni naciones,
Ni sociedades
Lo que no esperan es el miedo
Lo que esperan es la compasión
Lo que esperan es que les dejen entrar

REFUGIADOS

Tantísimas personas,
muriéndose de hambre o al margen de la sociedad,
se sintieron atraídas por un mundo distinto.

Con grandes esperanzas de felicidad y bendición,
se dirigieron hacia la tierra prometida de dinero y
fortuna,
a como diera lugar.

Las masas eran difíciles de controlar.

Hubo cientos de miles que salieron
desde aldeas y pueblos,
de la Europa entera y que, tiempos atrás,
emprendieron el camino hacia el Nuevo Mundo.

VACACIONES

No tengo veinte años
ni tengo un cuerpo hermoso

No obstante,
estoy de vacaciones

PADRE (1)

Padre mío padre mío,
te fuiste para la eternidad

Pero no deberías haberlo hecho,
como tampoco deberías haber hecho
lo que hiciste por el bien de tu hijo.

Al marcharme durante la adolescencia,
intenté encontrarme a mí mismo.

Sin embargo, lo que encontré,
mirándome,
ha sido tú- siempre tú

PADRE (2)

Es verdad,
La muerte de un padre
Es el incidente más decisivo
En la vida de un hombre

Es también la verdad
Que no reconoces
Hasta que te ocurre

El luto que ahora
Te abraza y te sostiene
En lugar de tu padre
Se quedará en ti una vida entera

Feliz de ti
Que has tenido a alguien amado

Porque ese sentimiento
No morirá

www.ingramcontent.com/pod-product-compliance
Lightning Source LLC
LaVergne TN
LVHW041508190726
843491LV00008B/2602

* 9 7 8 3 9 1 1 3 2 0 0 0 9 *